Impressum
Verlag: BABADADA GmbH, Nedderfeld 112 , 22529 Hamburg
Geschäftsführer / Verlagsleitung: Harald Hof
Druck: Books on Demand GmbH, In de Tarpen 42, 22848 Norderstedt

Imprint
Publisher: BABADADA GmbH, Nedderfeld 112 , 22529 Hamburg, Germany
Managing Director / Publishing direction: Harald Hof
Print: Books on Demand GmbH, In de Tarpen 42, 22848 Norderstedt, Germany

de School

школа

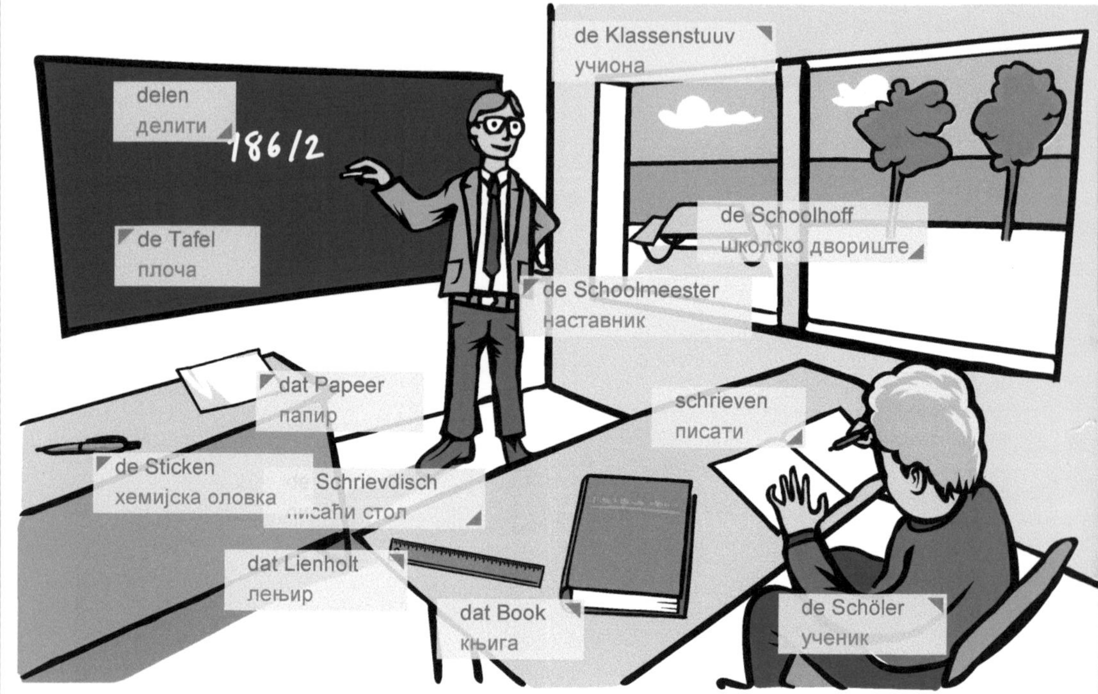
de Klassenstuuv
учиона
delen
делити
186/2
de Tafel
плоча
de Schoolhoff
школско двориште
de Schoolmeester
наставник
dat Papeer
папир
schrieven
писати
de Sticken
хемијска оловка
Schrievdisch
писаћи стол
dat Lienholt
лењир
dat Book
књига
de Schöler
ученик

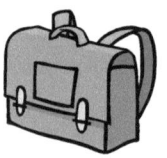

de Ranzel

торба

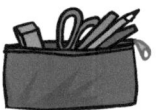

de Feddermapp

перница

de Bleesticken

графитна оловка

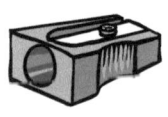

de Scharpmaker

шиљило за оловке

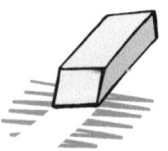

dat Radeergummi

гумица за брисање

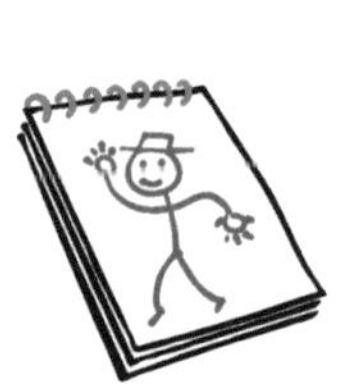

de Tekenblock

блок за цртање

de Teken

цртеж

de Pinsel

кист

de Malkassen

кутија са бојама

de Scheer

маказе

de Klever

лепило

dat Heft to'n Öven

бележница

de Huusopgaav

домаћи задатак

12

de Tall

број

2+2

tohooptellen

сабирати

5-2

aftrecken

одузимати

2×2

malnehmen

множити

reken

рачунати

A

de Bookstaav

слово

ABCDEFG HIJKLMN OPQRSTU VWXYZ

dat ABC

абецеда

dat Woort

реч

de Text

текст

lesen

читати

de Kried

креда

de Stunn

час

dat Klassenbook

дневник

de Pröven

испит

dat Tüügnis

сведочанство

de Schooluniform

школска униформа

de Utbillen

образование

dat Nakieksel

лексикон

de Universität

универзитет

dat Mikroskop

микроскоп

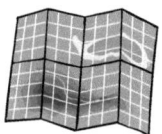

de Koort

карта

de Papeerkorf

кошара за папир

de School - школа

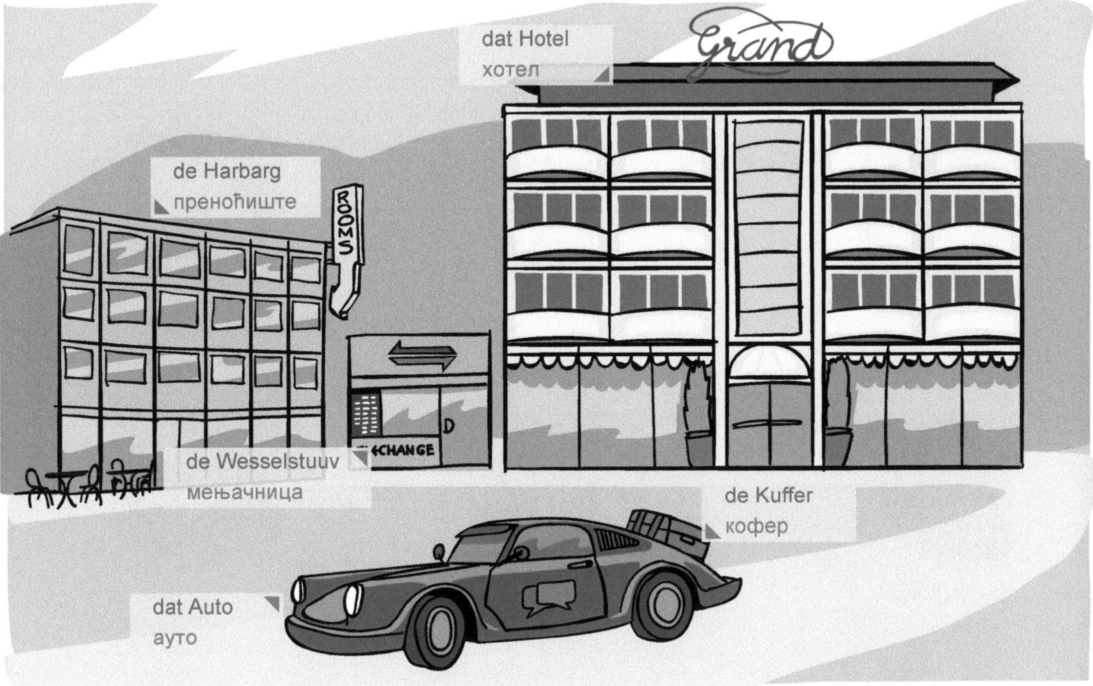

dat Hotel
хотел
Grand
de Harbarg
преноћиште
ROOMS
EXCHANGE
de Wesselstuuv
мењачница
de Kuffer
кофер
dat Auto
ауто

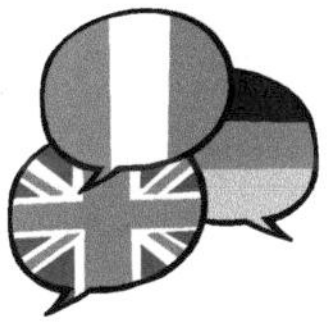

de Spraak

језик

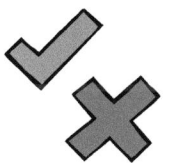

jo / ne

да / не

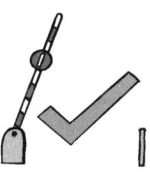

Jo

океј

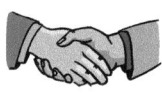

Moin

здраво

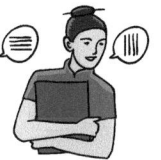

de Översetter

преводилац

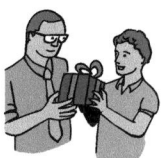

Dank ok

хвала

Wat kost...?

Колико кошта...?

Ik verstah nich

не разумем

dat Problem

проблем

Goden Avend

добро вече!

Moin!

Добро јутро!

Gode Nacht!

Лаку ноћ!

Tschüüs

довиђења

de Richt

смер

de Bagaasch

пртљага

de Tasch

торба

de Rüchsack

руксак

de Gast

гост

de Stuuv

соба

de Slaapsack

врећа за спавање

dat Telt

шатор

de Touristeninformatschoon

туристичке информације

de Strand

плажа

de Kreditkoort

кредитна картица

dat Fröhstück

доручак

dat Meddageten

ручак

dat Avendeten

вечера

de Fohrkort

карта за вожњу

de Fohrstohl

лифт

de Breefmark

поштанска маркица

de Grenz

граница

de Toll

царина

de Bottschop

амбасада

dat Visum

виза

de Pass

пасош

de Transport

транспорт

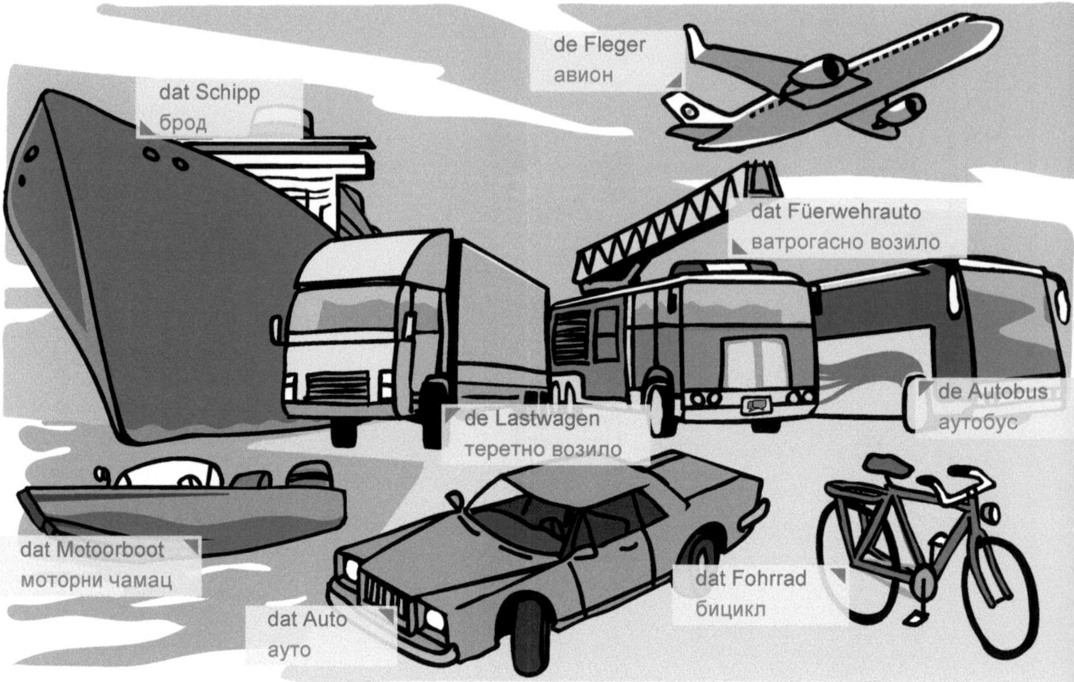

de Fleger
авион
dat Schipp
брод
dat Füerwehrauto
ватрогасно возило
de Autobus
аутобус
de Lastwagen
теретно возило
dat Motoorboot
моторни чамац
dat Fohrrad
бицикл
dat Auto
ауто

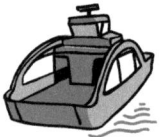

de Fähr
....
трајект

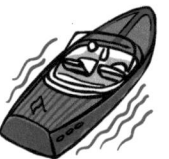

dat Boot
....
чамац

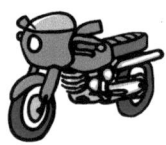

dat Motoorrad
....
мотоцикл

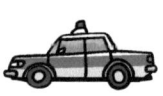

dat Polizeiauto
....
полицијски ауто

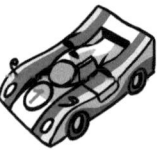

dat Rönnauto
....
тркаћи ауто

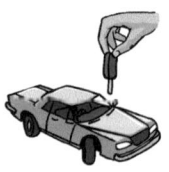

de Lehnwagen
....
изнајмљено ауто

dat Carsharing

дељење аутомобила

de Afsleepwagen

вучно возило

dat Müllauto

возило за одвоз смећа

de Motoor

мотор

de Kraftstoff

бензин

de Tanksteed

бензинска станица

dat Verkehrsschild

саобраћајни знак

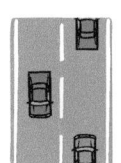

de Verkehr

саобраћај

de Stau

застој

de Afstellplatz

паркиралиште

de Bahnhoff

железничка станица

de Sporen

шине

de Tog

воз

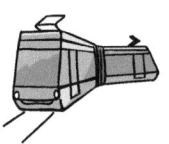

de Stratenbahn

трамвај

de Wagon

вагон

de Dwarsmöhl

хеликоптер

de Flooghaven

аеродром

de Tower

кула

de Fohrgast

путник

de Grootkist

контејнер

de Karton

картон

de Koor

колица

de Korf

корпа

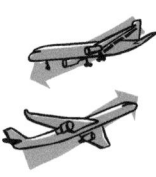

starten / lannen

узлетети / слетети

de Stadt

град

dat Dörp

село

de Binnenstadt

центар града

dat Huus

кућа

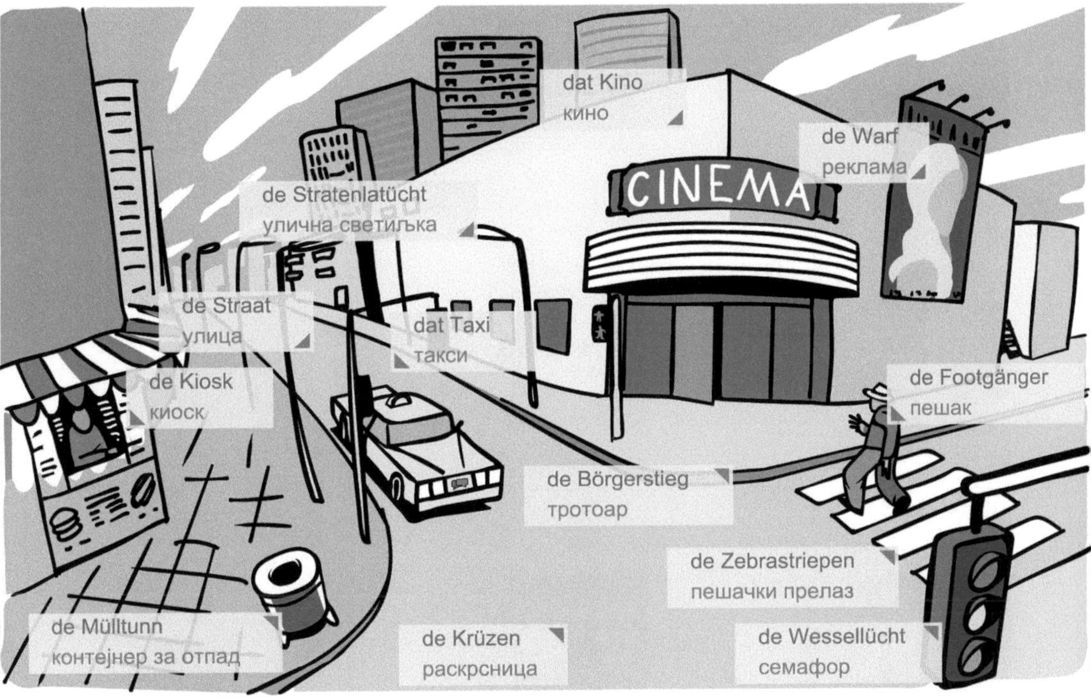

dat Kino
кино
de Warf
реклама
CINEMA
de Stratenlatücht
улична светиљка
de Straat
улица
dat Taxi
такси
de Kiosk
киоск
de Footgänger
пешак
de Börgerstieg
тротоар
de Zebrastriepen
пешачки прелаз
de Mülltunn
контејнер за отпад
de Krüzen
раскрсница
de Wessellücht
семафор

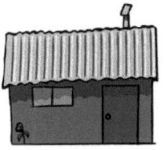

de Hütt

колиба

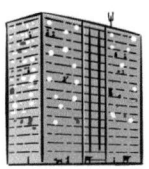

de Wahnung

стан

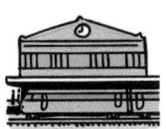

de Bahnhoff

железничка станица

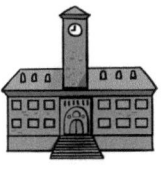

dat Raathuus

већница

MUSEUM

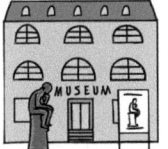

dat Museum

музеј

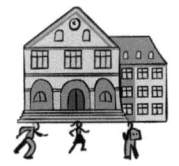

de School

школа

de Universität

универзитет

de Bank

банка

dat Krankenhuus

болница

dat Hotel

хотел

de Afteek

апотека

dat Büro

канцеларија

de Bookhökerie

књижара

de Hökerie

продавница

de Blomenhökerie

цвећара

de Supermarkt

супермаркет

de Markt

трг

dat Koophuus

робна кућа

de Fischhökerie

рибарница

dat Inkoopszentrum

трговачки центар

de Haven

лука

de Parkanlaag

парк

de Bank

клупа

de Brüch

мост

de Trepp

степенице

de Ünnergrundbahn

подземна железница

de Tunnel

тунел

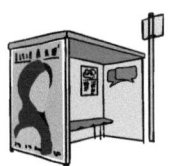

de Busstoppsteed

аутобуска станица

de Bar

бар

dat Spieslokal

ресторан

de Breefkassen

поштанско сандуче

dat Stratenschild

улични знак

de Parkklock

паркирни аутомат

de Deertenpark

зоолошки врт

de Baadanstalt

базен

de Moschee

џамија

de Stadt - град

de Buernhoff

сеоско газдинство

de Ümweltversmudden

загађење околине

de Karkhoff

гробље

de Kark

црква

de Speelplatz

игралиште

de Tempel

храм

de Landschop
пејсаж

dat Blatt
лист

de Wiespahl
путоказ

de Weg
пут

de Wisch
ливада

de Steen
камен

de Boom
дрво

de Wannerer
шетач

de Fluss
река

dat Gras
трава

de Bloom
цвет

dat Daal
долина

de Barg
планина

de See
језеро

dat Holt
шума

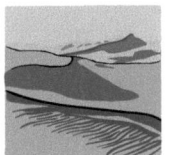

de Wööst
пустиња

de Füerspien Barg
вулкан

dat Slott
дворац

de Regenbagen
дуга

de Poggenstohl
гљива

de Palm
палма

de Steekmück
москито

de Fleeg
мува

de Miegeemk
мрав

de Imm
пчела

de Spinn
паук

de Sebber

буба

de Pogg

жаба

de Katteker

веверица

de Swienegel

јеж

de Haas

зец

de Uul

сова

de Vagel

птица

de Swaan

лабуд

dat Wildswien

дивља свиња

de Hirsch

јелен

de Elk

лос

de Staudamm

насип

dat Windrad

ветрењача

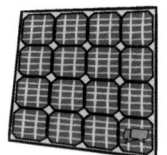

dat Solarmodul

соларна плоча

dat Klima

клима

dat Spieslokal

ресторан

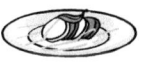

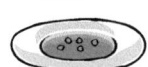

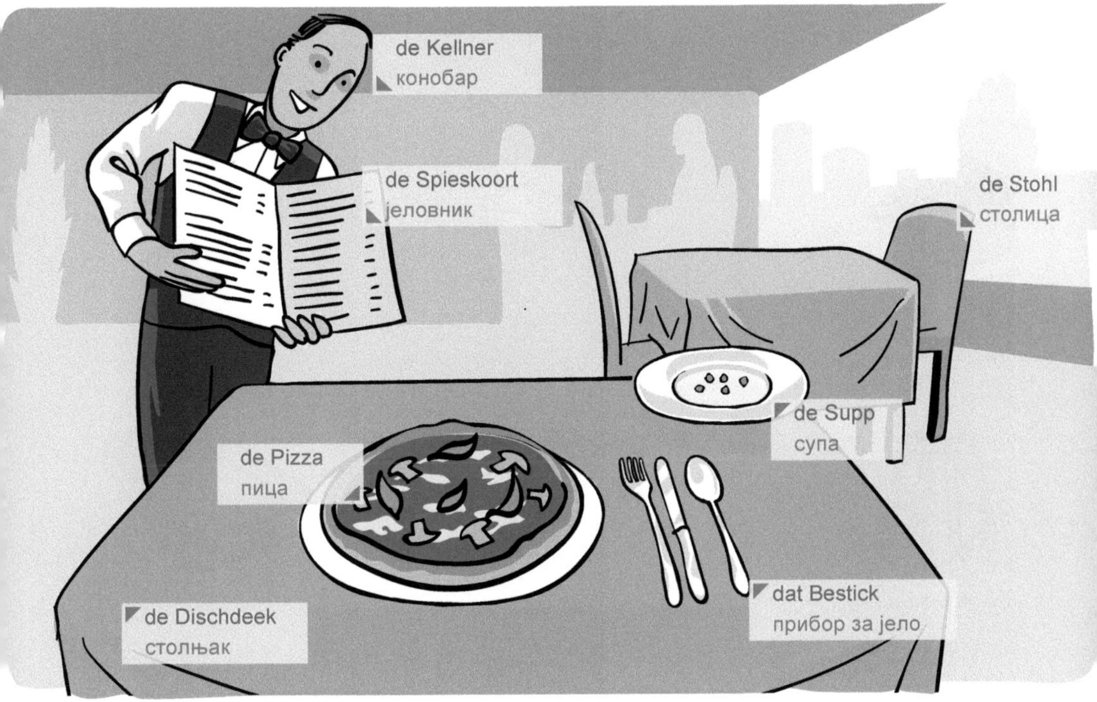

de Kellner
конобар
de Spieskoort
јеловник
de Stohl
столица
de Supp
супа
de Pizza
пица
dat Bestick
прибор за јело
de Dischdeek
стољњак

de Vörspies

предјело

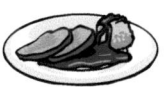

dat Haupteten

главно јело

de Nadisch

десерт

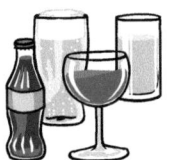

de Drünk

напитци

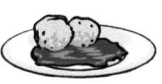

dat Eten

јело

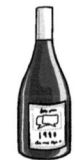

de Buddel

флаша

dat Fastfood

брза храна

dat Strateneten

имбис храна

de Teekann

чајник

de Zuckerdoos

доза за шећер

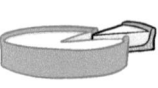

de Portschoon

порција

de Espressomaschien

апарат за еспресо

de Hoochstohl

висока столица

de Reken

рачун

dat Tablett

послужавник

dat Mess

нож

de Gavel

виљушка

de Lepel

кашика

de Teelepel

чајна кашика

dat Munddook

салвета

dat Glas

чаша

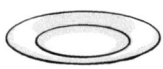

de Töller

тањир

de Suppentöller

тањир за супу

de Ünnertass

тањирић

de Sooß

сос

de Soltstreuer

сољенка

de Pepermöhl

млин за бибер

de Etig

сирће

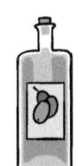

dat Ööl

уље

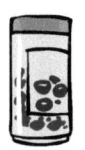

de Krüder

зачини

de Ketchup

кечап

de Mostrich

сенф

de Mayonnaise

мајонеза

de Supermarkt
супермаркет

dat Anbott
понуда
de Kunn
купац
de Melkprodukten
млечни производи
dat Aaft
воће
de Inkoopswagen
колица за куповину
FOR

BUTCHERS

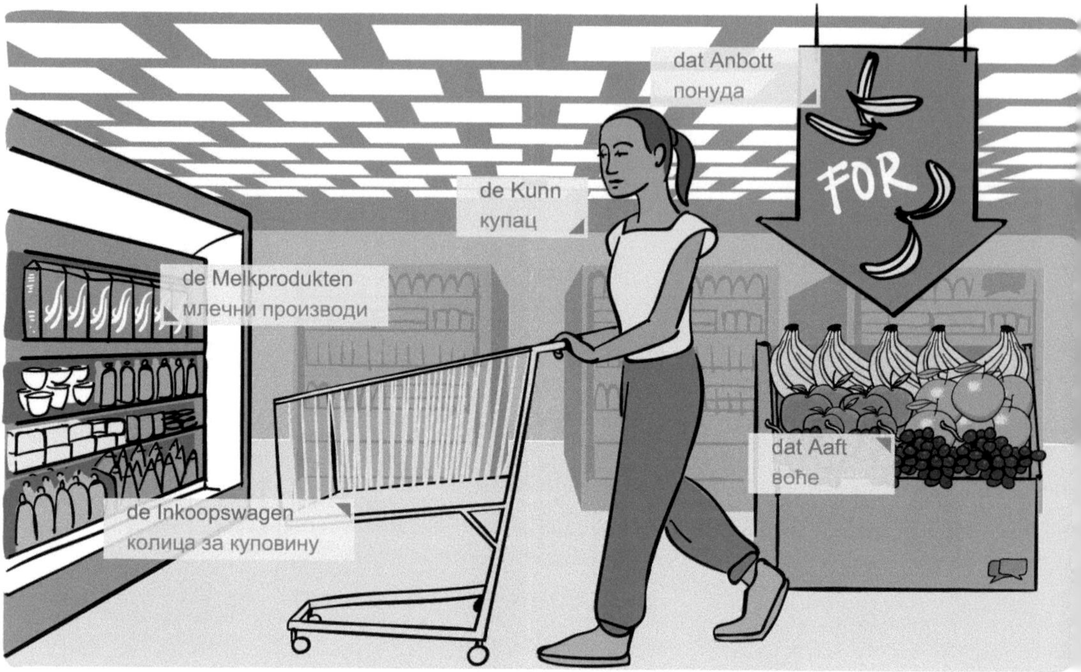

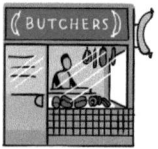

de Slachterie

месница

BAKERY

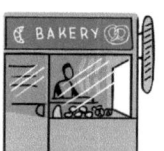

de Bäckerie

пекара

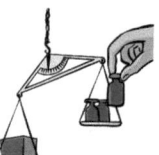

wegen

вагати

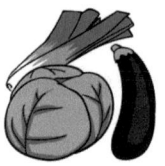

de Gröönsaken

поврће

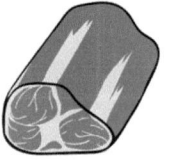

dat Fleesch

месо

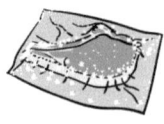

de Deepköhlkost

смрзнута храна

de Opsnitt

нарезак

de Konserven

конзерве

de Waschmiddel

средство за прање

de Snoopkraam

слаткиши

de Huushooltssaken

артикли за домаћинство

de Reinmaaktüüch

средства за чишћење

de Verköpersche

продавачица

de Kass

благајна

de Kasserer

благајник

de Inkoopslist

листа за куповину

de Opsparrtieden

време рада

de Breeftasch

новчаник

de Kreditkoort

кредитна картица

de Tasch

торба

de Plastiktüüt

пластична кеса

de Drünk
напитци

dat Water

вода

de Saft

сок

de Melk

млеко

de Cola

кола

de Wien

вино

dat Beer

пиво

de Spriet

алкохол

de Kakao

какао

de Tee

чај

de Koffie

кава

de Espresso

еспресо

de Cappucino

капућино

de Banaan

банана

de Appel

јабука

de Appelsien

наранџа

de Meloon

лубеница

de Zitroon

лимун

de Wöttel

шаргарепа

de Knuuvlook

бели лук

de Bambus

бамбус

de Zibbel

лук

de Poggenstohl

гљива

de Nööt

орашасти плодови

de Nudeln

резанци

de Spaghetti

шпагете

de Ries

рижа

de Salat

салата

de Pommes frites

помфрит

de Braadkantüffeln

печени крумпир

de Pizza

пица

de Hamborger

хамбургер

dat Sandwich

сендвич

dat Snitzel

шницла

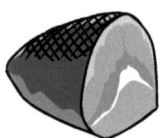

de Schinken

шунка

de Salami

салама

de Wust

кобасица

dat Hohn

кокош

de Braden

печење

de Fisch

риба

de Haverflocken

зобене пахуљице

dat Müsli

мусли

de Cornflakes

кукурузне пахуљице

dat Mehl

брашно

de Croissant

кроасан

dat Rundstück

пециво

dat Broot

хлеб

dat Toast

тоаст

de Keksen

кекси

de Botter

маслац

de Quark

свежи сир

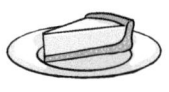

de Koken

колач

dat Ei

јаје

dat Spegelei

јаје на око

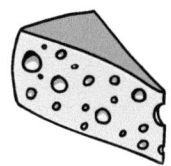

de Kees

сир

de Ies

сладолед

de Zucker

шећер

de Honnig

мед

de Marmelaad

мармелада

de Nougat-Creme

нугат крема

dat Curry

кари

de Buernhoff

сеоско газдинство

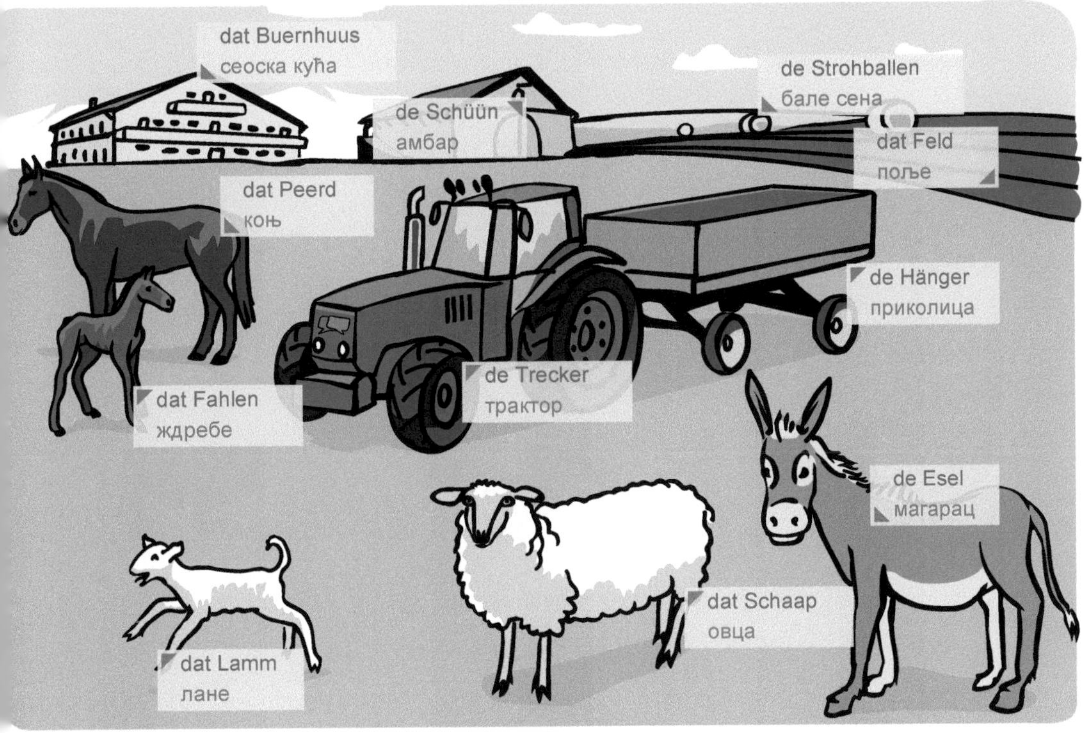
dat Buernhuus
сеоска кућа
de Schüün
амбар
de Strohballen
бале сена
dat Feld
поље
dat Peerd
коњ
de Hänger
приколица
de Trecker
трактор
dat Fahlen
ждребе
de Esel
магарац
dat Schaap
овца
dat Lamm
лане

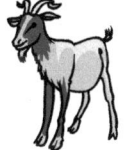

de Zeeg

коза

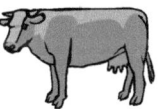

de Koh

крава

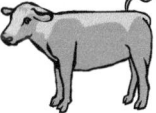

dat Kalf

теле

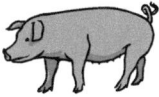

dat Swien

свиња

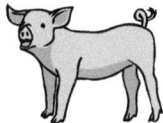

dat Farken

прасе

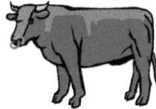

de Bull

бик

de Goos

гуска

de Aant

патка

dat Küken

пилићи

dat Hohn

кокош

de Hahn

петао

de Rott

пацов

de Katt

мачка

de Muus

миш

de Oss

вол

de Hund

пас

de Hunnenhütt

кућица за пса

de Goornslauch

вртно црево

de Geetkann

канта за поливање

de Lee

коса

de Ploog

плуг

de Sich

срп

de Hack

мотика

de Mestfork

виљушка за ђубриво

de Ext

секира

de Schuufkoor

тачке

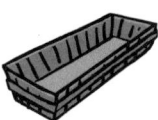

de Trog

корито

de Melkkann

посуда за млеко

de Sack

вређа

de Tuun

ограда

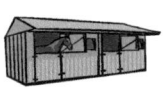

de Stall

штала

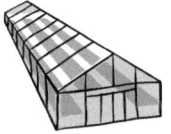

dat Drievhuus

стакленик

de Bodden

земља

de Saat

семе

de Dünger

ђубриво

de Meihdöscher

комбајн

oornen

жети

de Oorn

жетва

de Yamswöttel

јамс зачин

de Weten

пшеница

dat Soja

соја

de Kantüffel

крумпир

de Törksche Weten

кукуруз

de Rapp

уљана репица

de Aaftboom

воћка

de Troopsch Kantüffel

гомољ маниоке

dat Koorn

житарице

dat Huus

кућа

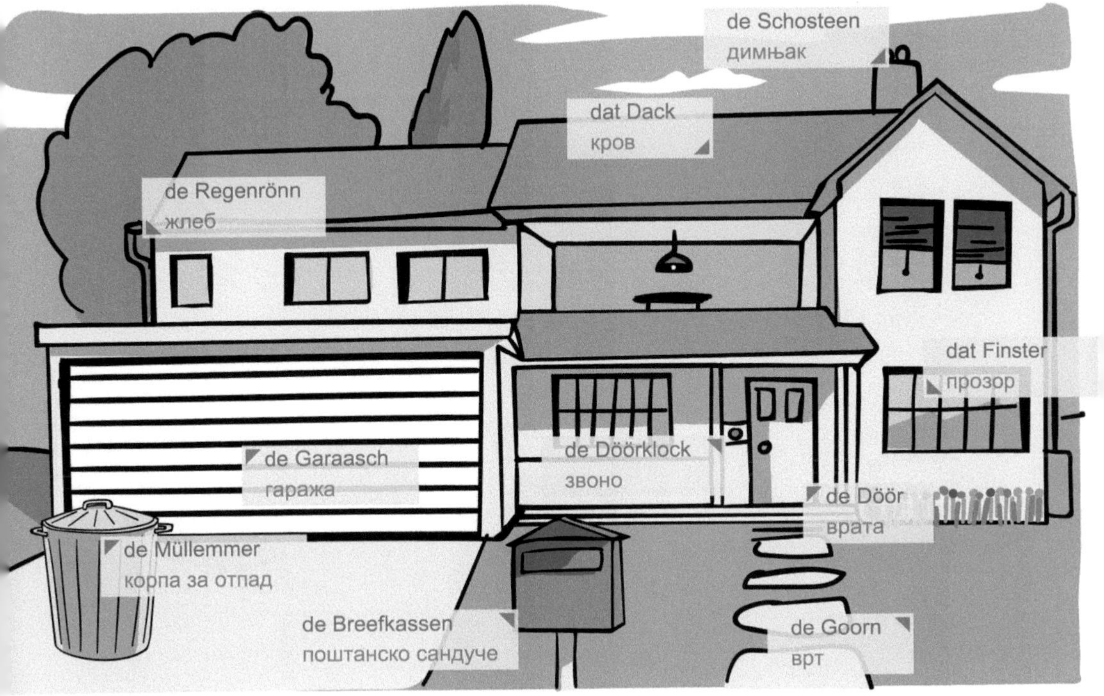

de Schosteen
димњак
dat Dack
кров
de Regenrönn
жлеб
dat Finster
прозор
de Garaasch
гаража
de Döörklock
звоно
de Döör
врата
de Müllemmer
корпа за отпад
de Breefkassen
поштанско сандуче
de Goorn
врт

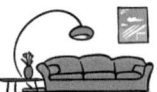

de Wahnstuuv

дневна соба

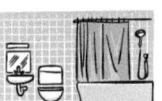

de Baadstuuv

купаоница

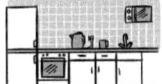

de Köök

кухиња

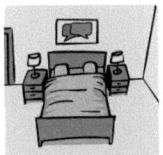

de Slaapstuuv

спаваћа соба

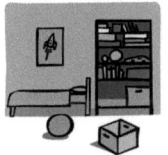

de Kinnerstuuv

дечија соба

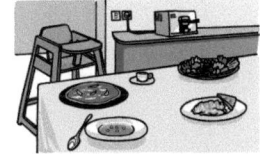

de Eetstuuv

трпезарија

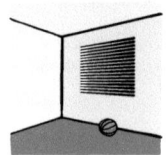

de Footbodden

под

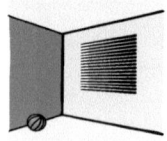

de Wand

зид

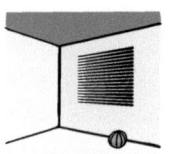

de Deek

строп

de Keller

подрум

dat Hittluftbad

сауна

de Balkon

балкон

de Terrass

тераса

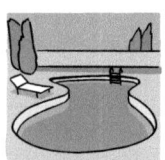

dat Swümmbad

базен

de Rasenmeiher

косилица за траву

de Bettbetog

постељина за кревет

de Bettdeek

дека за кревет

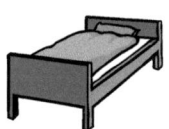

de Puuch

кревет

de Bessen

метла

de Emmer

канта

de Schalter

прекидач

de Wahnstuuv

дневна соба

de Tapeet
тапета
dat Bild
слика
de Lamp
светиљка
dat Regal
регал
dat Schapp
ормар
de Kiekkassen
телевизија
de Kamin
камин
de Bloom
цвет
dat Küssen
јастук
dat Sofa
кауч
de Vaas
ваза
de Feernbedenen
даљински управљач

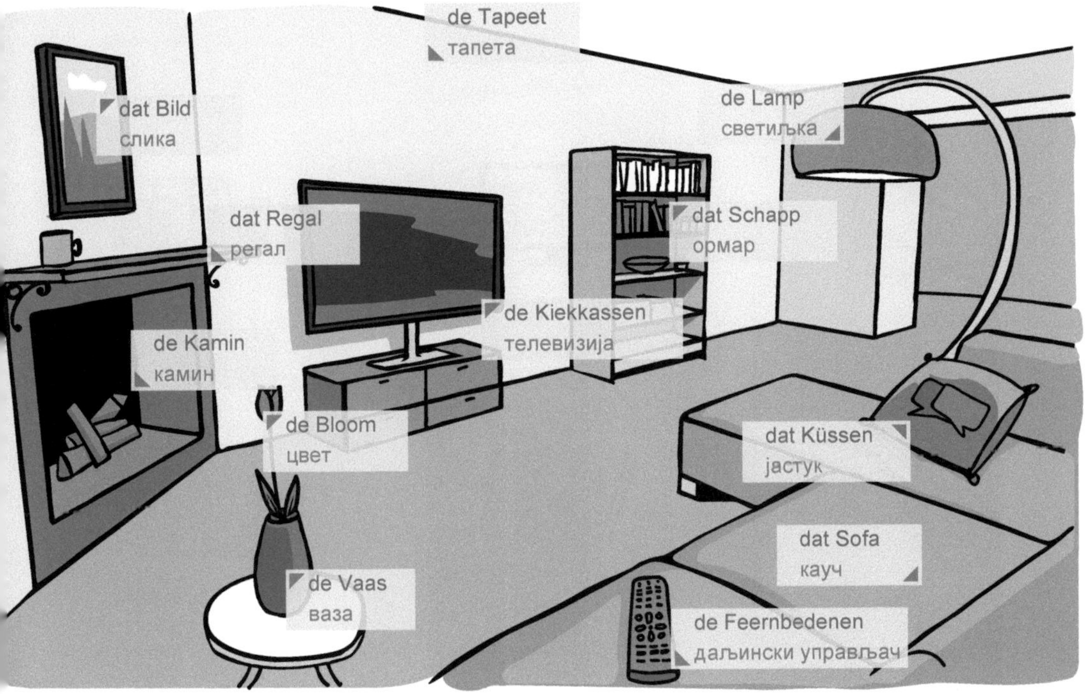

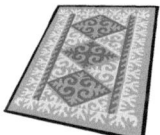

de Teppich

тепих

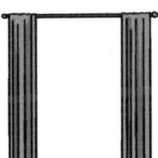

de Vörhang

завеса

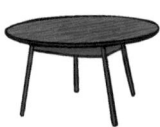

de Disch

сто

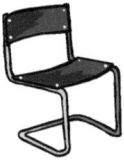

de Stohl

столица

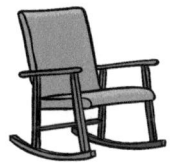

de Schuckelstohl

столица за њихање

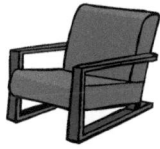

de Sessel

фотеља

dat Book

књига

de Deek

дека

de Dekoratschoon

декорација

dat Füerholt

дрво за огрев

de Film

филм

de Stereoanlaag

хи-фи уређај

de Slötel

кључ

dat Narichtenblatt

новине

dat Gemälde

слика на платну

dat Poster

постер

dat Radio

радио

de Opschrievblock

блок за писање

de Huulbessen

усисивач

de Kaktus

кактус

de Kars

свећа

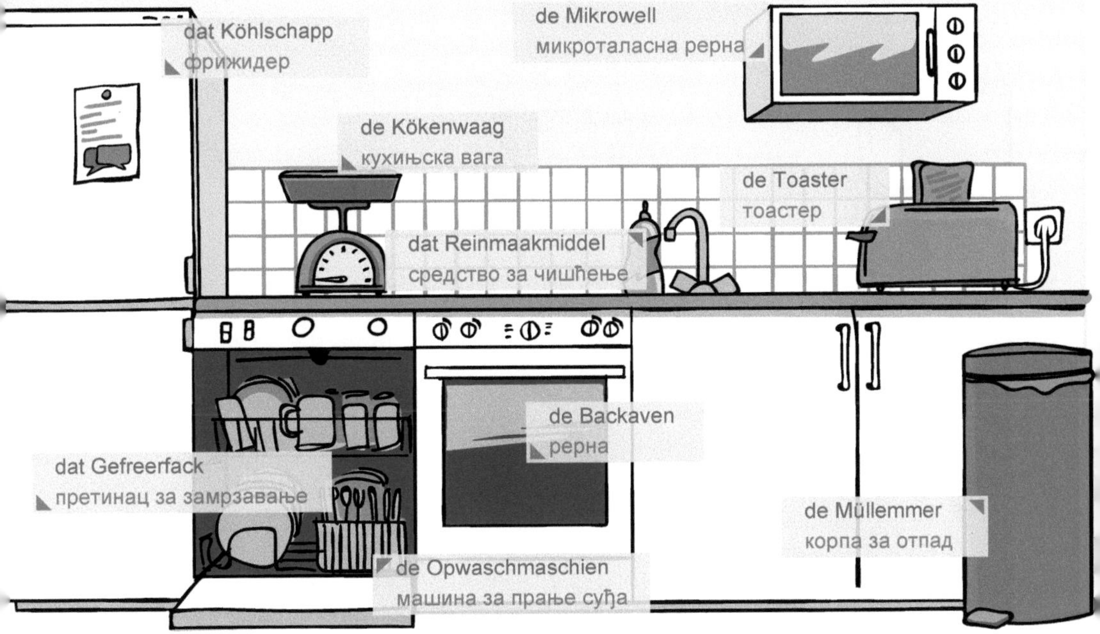

dat Köhlschapp
фрижидер

de Mikrowell
микроталасна рерна

de Kökenwaag
кухињска вага

de Toaster
тоастер

dat Reinmaakmiddel
средство за чишћење

dat Gefreerfack
претинац за замрзавање

de Backaven
рерна

de Müllemmer
корпа за отпад

de Opwaschmaschien
машина за прање суђа

de Heerd

шпорет

de Pott

лонац

de Gussiesern Putt

гвоздени лонац

de Wok / Kadai

вок / кадаи

de Pann

тава

de Waterkaker

кувало за воду

de Dampkaakputt

кувало на пару

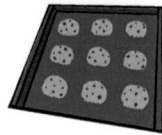

dat Backblick

лим за печење

dat Geschirr

посуђе

de Beker

чаша

de Schaal

посуда

de Eetsticken

штапићи за јело

de Suppenkell

кутлача

de Pannenwenner

лопатица

de Sneebessen

пењача

dat Kaakseef

сито за кување

dat Seef

сито

de Riev

рибеж

de Mörser

мужар

de Grill

роштиљ

de Füerstell

огњиште

dat Sniedbrett

даска

dat Nudelholt

оклагија

de Proppentrecker

вадичеп

de Doos

конзерва

de Dosenaapner

отварач конзерви

de Pottlappen

крпа за лонац

dat Waschbecken

судопер

de Böst

четка

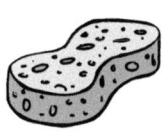

de Swamm

сунђер

de Mixer

миксер

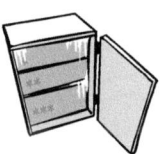

dat Iesschapp

замрзивач

de Nuckelbuddel

флашица за бебе

de Waterhahn

славина за воду

de Baadstuuv

купаоница

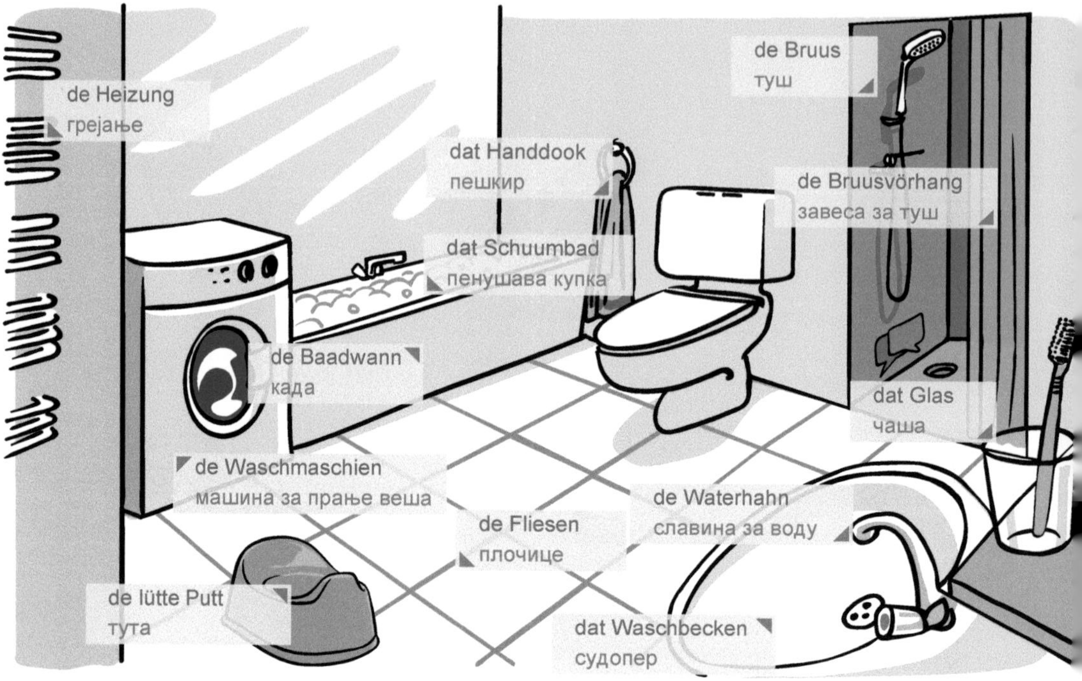

de Heizung
грејање
de Bruus
туш
dat Handdook
пешкир
de Bruusvörhang
завеса за туш
dat Schuumbad
пенушава купка
de Baadwann
када
dat Glas
чаша
de Waschmaschien
машина за прање веша
de Waterhahn
славина за воду
de Fliesen
плочице
de lütte Putt
тута
dat Waschbecken
судопер

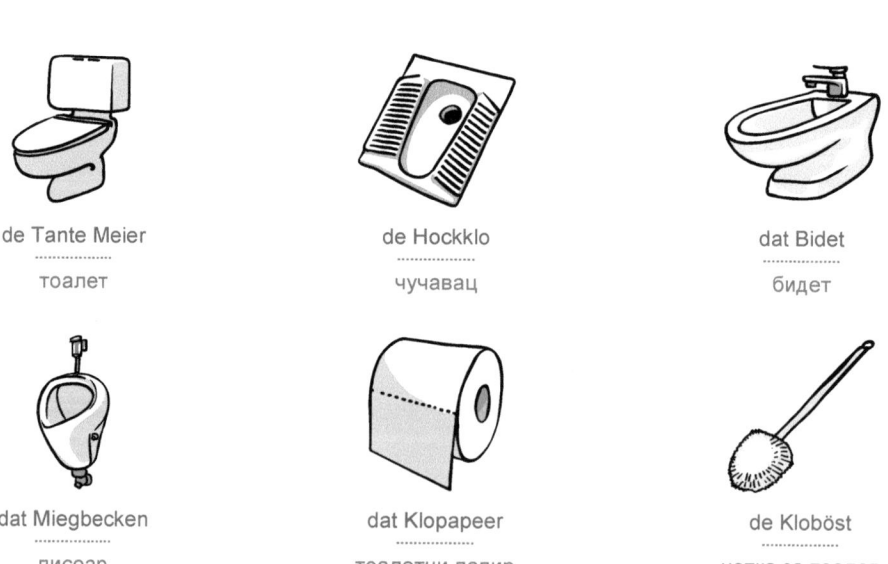

de Tante Meier

тоалет

de Hockklo

чучавац

dat Bidet

бидет

dat Miegbecken

писоар

dat Klopapeer

тоалетни папир

de Klobööst

четка за тоалет

de Tähnböst

четкица за зубе

de Tähnpast

паста за зубе

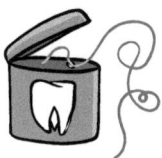

de Tähnsied

конац за зубе

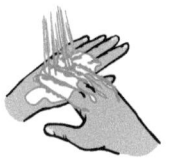

waschen

прати

de Handbruus

туш ручица

de Intimbruus

туш за прање интимних делова

de Waschschöttel

лавор

de Rüchböst

четка за прање леђа

de Seep

сапун

dat Bruusgeel

гел за туширање

dat Hoorwaschmiddel

шампон

de Waschlappen

крпа за прање

de Afloop

одвод

de Creme

крема

dat Deodorant

дезодоранс

de Spegel

огледало

de Kosmetikspegel

козметичко огледало

de Raserer

бријач

de Raseerschuum

пена за бријање

dat Raseerwater

лосион за после бријања

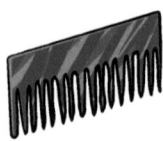

de Kamm

чешаљ

de Böst

четка

de Hoordröger

фен за косу

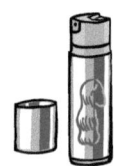

dat Hoorspray

спреј за косу

de Smink

шминка

de Lippensticken

руж за усне

de Nagellack

лак за нокте

de Watt

вата

de Nagelscheer

маказе за нокте

dat Rüükwater

парфем

de Kulturbüdel

козметичка торбица

de Schemel

столица

de Waag

вага

de Baadmantel

огртач

de Gummihanschen

рукавице за чишћење

de Tampon

тампон

de Damenbinn

уложак

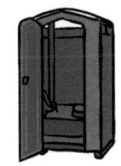

dat Chemieklo

хемијски тоалет

de Kinnerstuuv

дечија соба

de Wecker
будилник
dat Knudeldeert
плишана играчка
dat Speeltüüchauto
ауто играчка
de Klöter
звечка
dat Poppenhuus
кућица за лутке
dat Geschenk
поклон

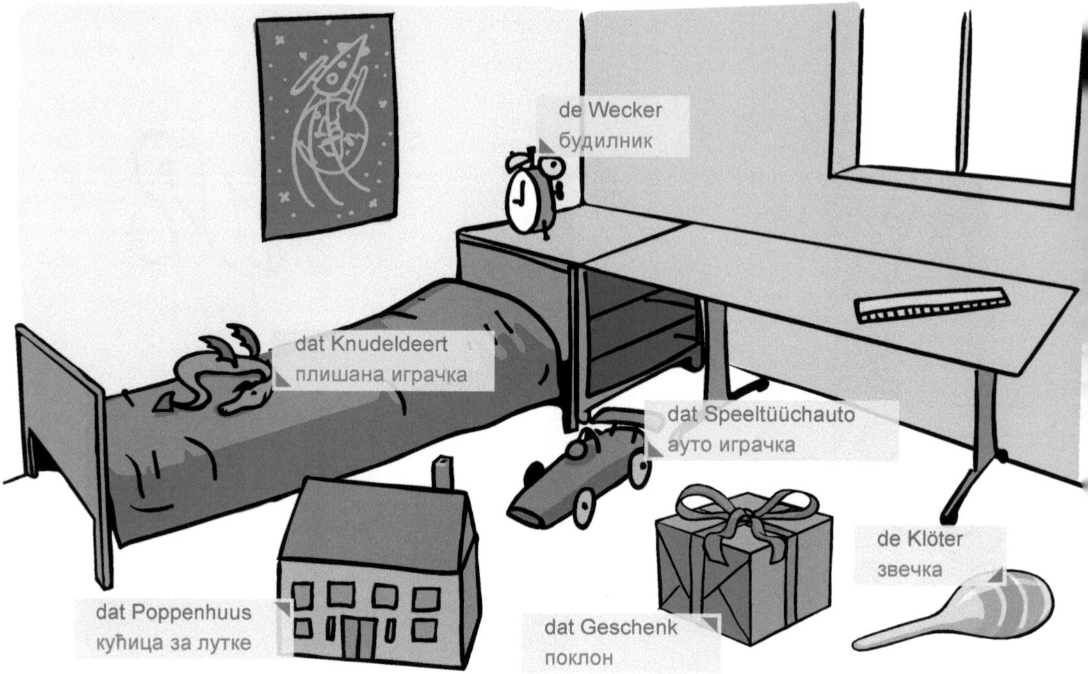

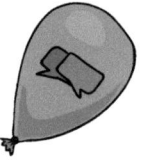

de Luftballon

балон

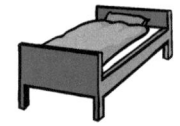

de Puuch

кревет

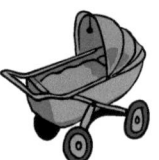

de Kinnerwagen

дјечија колица

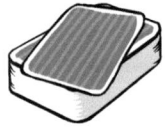

dat Koortenspeel

игра са картама

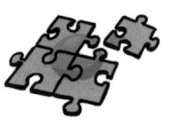

dat Puzzle

слагалица

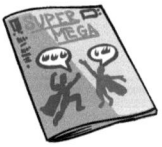

de Billergeschicht

стрип

de Legostenen

лего коцкице

de Bustenen

коцкице за слагање

de Action-Figur

акциони јунак

de Strampelantog

бенкица за бебе

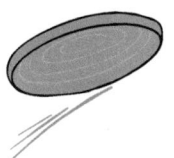

de Frisbeeschiev

фризби

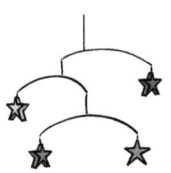

dat Mobile

висеће играчке

dat Brettspeel

друштвене игре

de Wörpel

коцка

de Modelliesenbahn

минијатурна жељезница

de Snuller

дуда

de Party

забава

dat Billerbook

сликовница

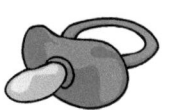

de Ball

лопта

de Popp

лутка

spelen

играти

de Sandkassen

пешчаник

de Schuckel

љуљачка

dat Speeltüüch

играчка

de Speelkonsool

конзола за игре

dat Dreerad

трицикл

de Teddyboor

теди

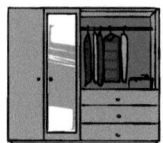

dat Klederschapp

ормар

dat Tüüch

одећа

de Socken

кратке чарапе

de Strümp

чарапе

de Strumpbüx

хулахопке

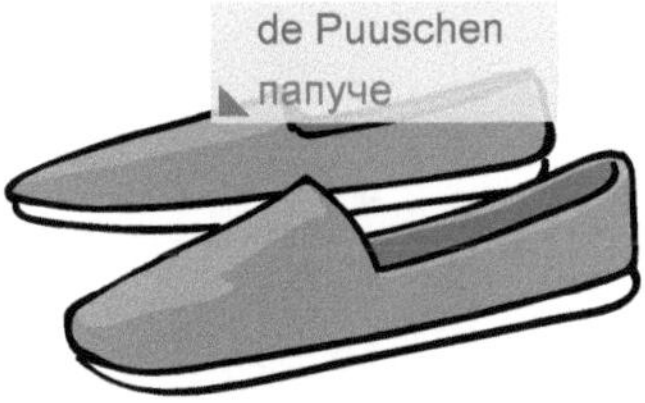

dat Halsdook
шал

de Paraplü
кишобран

dat T-Shirt
мајица

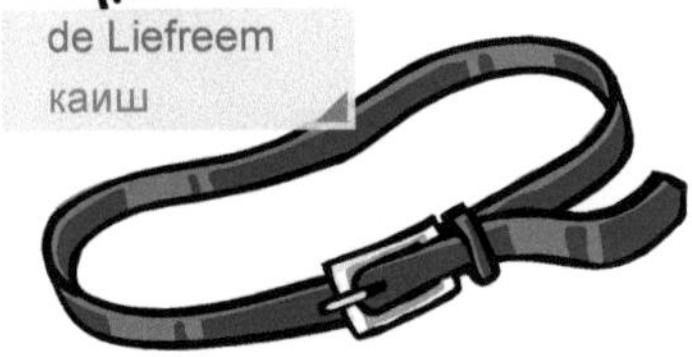

de Liefreem
каиш

de Turnschoh
патике

de Stevel
чизме

de Puuschen
папуче

de Sandalen
сандале

de Schoh
ципеле

de Gummistevel
гумене чизме

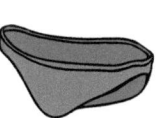
de Ünnerbüx
гаћице

de Bostholler
грудњак

dat Ünnerhemd
поткошуља

de Lief

боди

de Büx

панталоне

de Jeansnüx

фармерке

de Rock

сукња

de Bluus

блуза

dat Hemd

кошуља

de Pullover

џемпер

de Kapuzenpullover

џемпер с капуљачом

de Blazer

сако

de Jack

јакна

de Mantel

мантил

de Övertrecker

кабаница

dat Kostüm

костим

dat Kleed

хаљина

dat Hochtietskleed

венчаница

de Antog

одело

dat Nachtkleed

спаваћица

de Slaapantog

пиџама

de Sari

сари

dat Koppdook

марама за главу

de Turban

турбан

de Burka

бурка

de Kaftan

кафтан

de Abaya

абаја

de Baadantog

купаћи костим

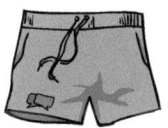

de Baadbüx

купаће гаћице

de Korte Büx

кратке панталоне

de Antog to'n Öven

одећа за тренинг

de Schört

кецеља

de Handschoh

рукавице

de Knopp

дугме

de Brill

наочаре

dat Armband

наруквица

de Halskeed

огрлица

de Ring

прстен

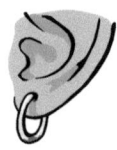

de Ohrbummel

наушница

de Mütz

капа

de Klederbögel

вешалица

de Hoot

шешир

de Binner

кравата

de Rietslüter

патент затварач

de Helm

кацига

dat Drachtband

нараменице

de Schooluniform

школска униформа

de Uniform

униформа

dat Tüüch - одећа

de Severböten

подбрадак

de Snuller

дуда

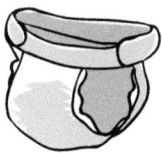

de Winnel

пелена

dat Büro
канцеларија

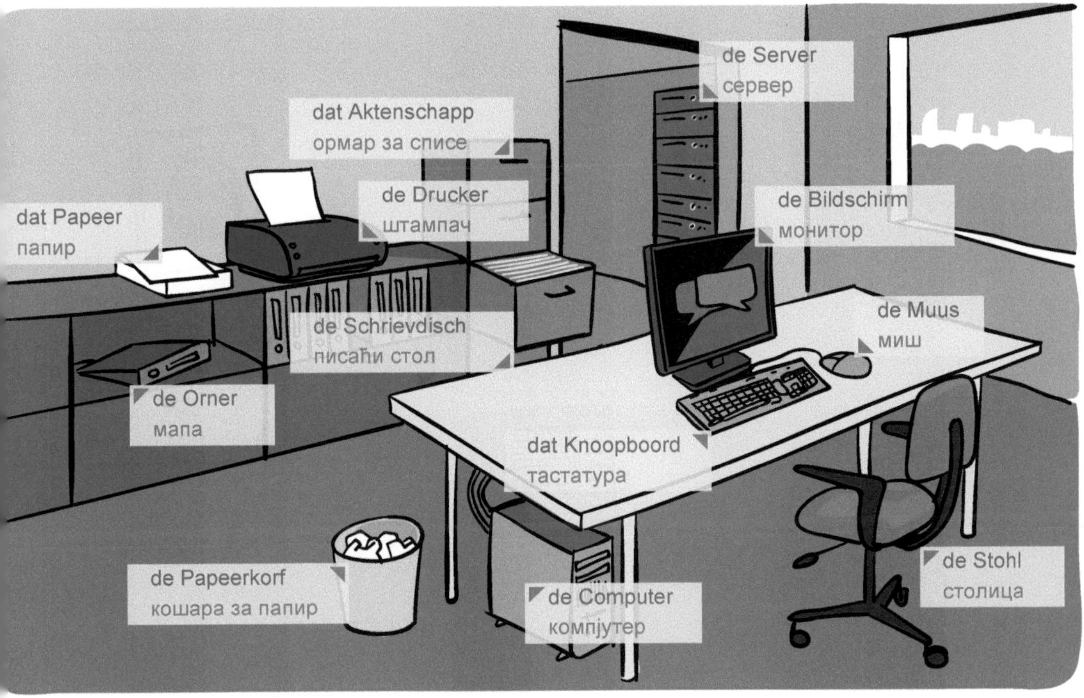

de Server
сервер

dat Aktenschapp
ормар за списе

de Drucker
штампач

de Bildschirm
монитор

dat Papeer
папир

de Schrievdisch
писаћи стол

de Muus
миш

de Orner
мапа

dat Knoopboord
тастатура

de Papeerkorf
кошара за папир

de Computer
компјутер

de Stohl
столица

de Koffiebeker

шалица за каву

de Taschenreekner

калкулатор

dat Internet

интернет

de Klappreekner

лаптоп

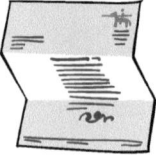

de Breef

писмо

de Naricht

порука

de Ackersnacker

мобилни телефон

dat Nettwark

мрежа

de Kopeerapparat

уређај за копирање

de Software

софтвер

de Klöönkassen

телефон

de Steekdoos

утичница

de Faxapparat

факс

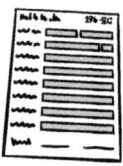

dat Formulor

формулар

dat Dokument

документ

köpen
......
куповати

betahlen
......
платити

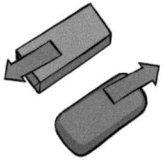

hanneln
......
трговати

dat Geld
......
новац

de Dollar
......
долар

de Euro
......
евро

de Yen
......
јен

de Ruvel
......
рубља

de Swiezer Franken
......
швајцарски франак

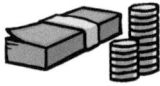

de Renminbi Yuan
......
ренминдби јуан

de Rupie
......
рупија

de Geldautomat
......
аутомат за новац

de Wesselstuuv

мењачница

dat Gold

злато

dat Sülver

сребро

dat Ööl

нафта

de Energie

енергија

de Pries

цена

de Verdrag

уговор

de Stüer

порез

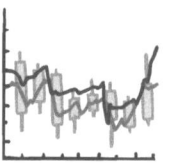

de Andeelschien

деонице

arbeiden

радити

de Anstellte

службеник

de Arbeitgever

послодавац

de Fabrik

фабрика

de Hökerie

продавница

de Wachtmeester
полицајац

de Füerwehrmann
ватрогасац

de Kock
кувар

de Dokter
лекар

de Fleger
пилот

de Goorner

вртлар

de Discher

столар

de Neihersche

кројачица

de Richter

судија

de Chemiker

хемичар

de Schauspeler

глумац

de Busfohrer

возач аутобуса

de Taxifohrer

возач таксија

de Fischer

рибар

de Reinmaakfru

чистачица

de Dackdecker

кровопокривач

de Kellner

конобар

de Jäger

ловац

de Maler

сликар

de Bäcker

пекар

de Elektriker

електричар

de Buarbeider

грађевински радник

de Ingenieur

инжењер

de Slachter

месар

de Klempner

лимар

de Postbüdel

поштар

de Suldat

војник

de Architekt

архитекта

de Kasserer

благајник

de Florist

цвећар

de Putzbüdel

фризер

de Schaffner

кондуктер

de Mechaniker

механичар

de Kaptein

капетан

de Tähndokter

зубар

de Wetenschopler

научник

de Rabbi

раби

de Imam

имам

de Mönk

монах

de Paap

свећеник

dat Warktüüch

алати

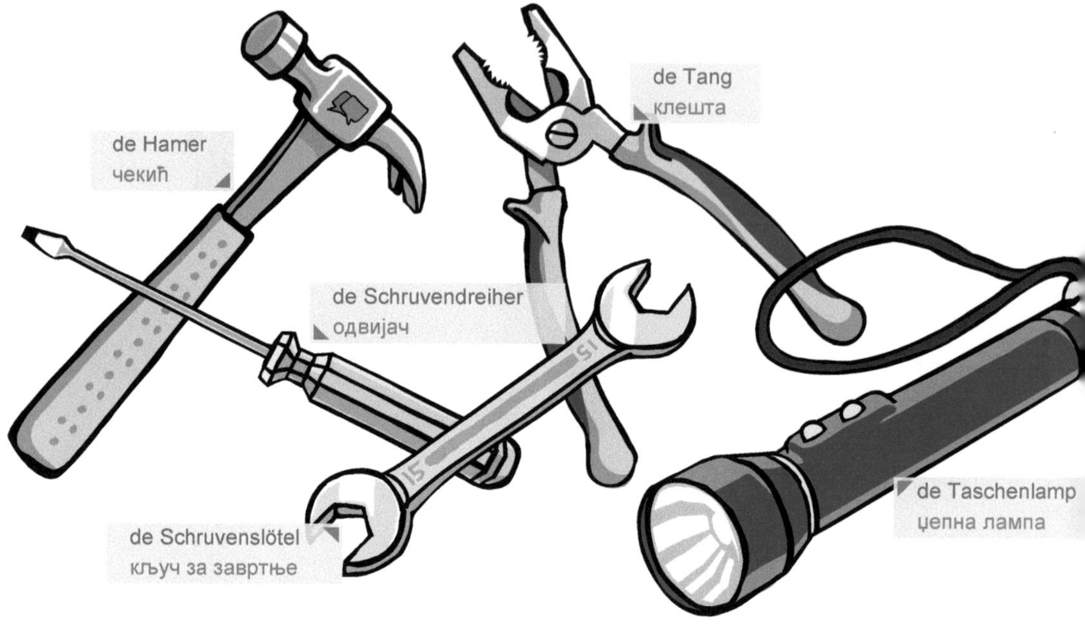
de Tang
клешта
de Hamer
чекић
de Schruvendreiher
одвијач
de Taschenlamp
џепна лампа
de Schruvenslötel
кључ за завртње

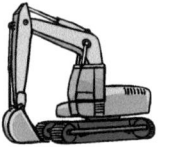

de Grieper

багер

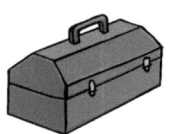

de Warktüüchkassen

кутија за алат

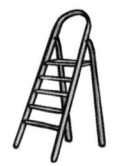

de Ledder

мердевине

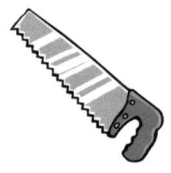

de Saag

пила

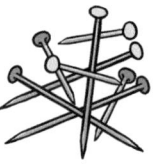

de Nagels

ексер

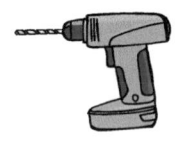

de Bohrer

бушилица

heelmaken
поправити

de Schüffel
лопата

Schiet!
до ђавола!

dat Kehrblick
лопатица

de Farvpott
лонац за боју

de Schruven
завртањи

de Musikinstrumenten
музички инструмент

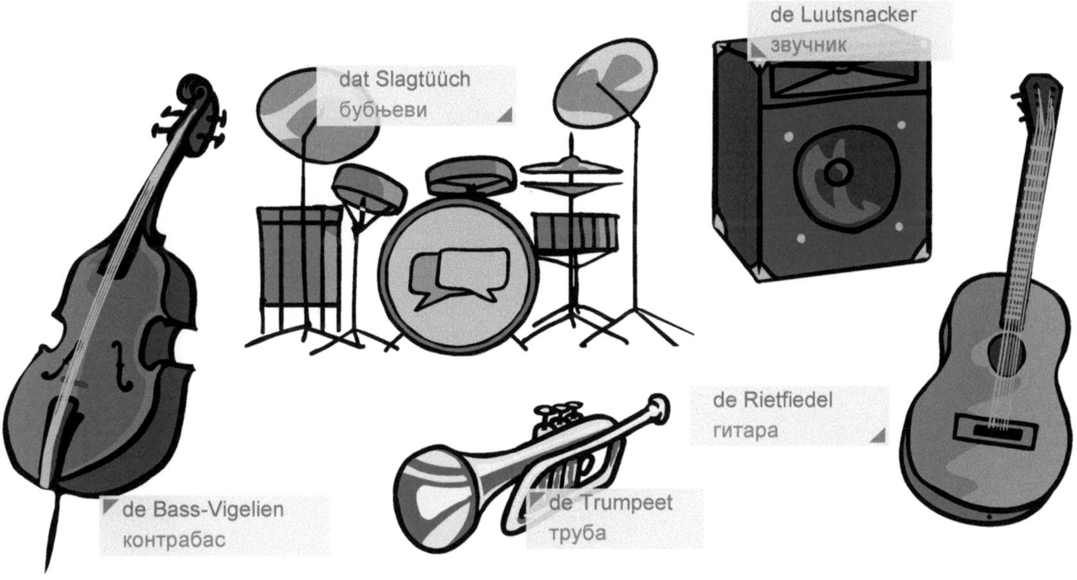

dat Slagtüüch
бубњеви

de Luutsnacker
звучник

de Rietfiedel
гитара

de Bass-Vigelien
контрабас

de Trumpeet
труба

dat Klaveer

клавир

de Vigelien

виолина

de Bass

бас

de Pauk

тимпани

de Trummeln

удараљке за бубњеве

dat Keyboard

типке клавира

dat Saxophon

саксофон

de Fleut

флаута

dat Mikrofoon

микрофон

de Musikinstrumenten - музички инструмент

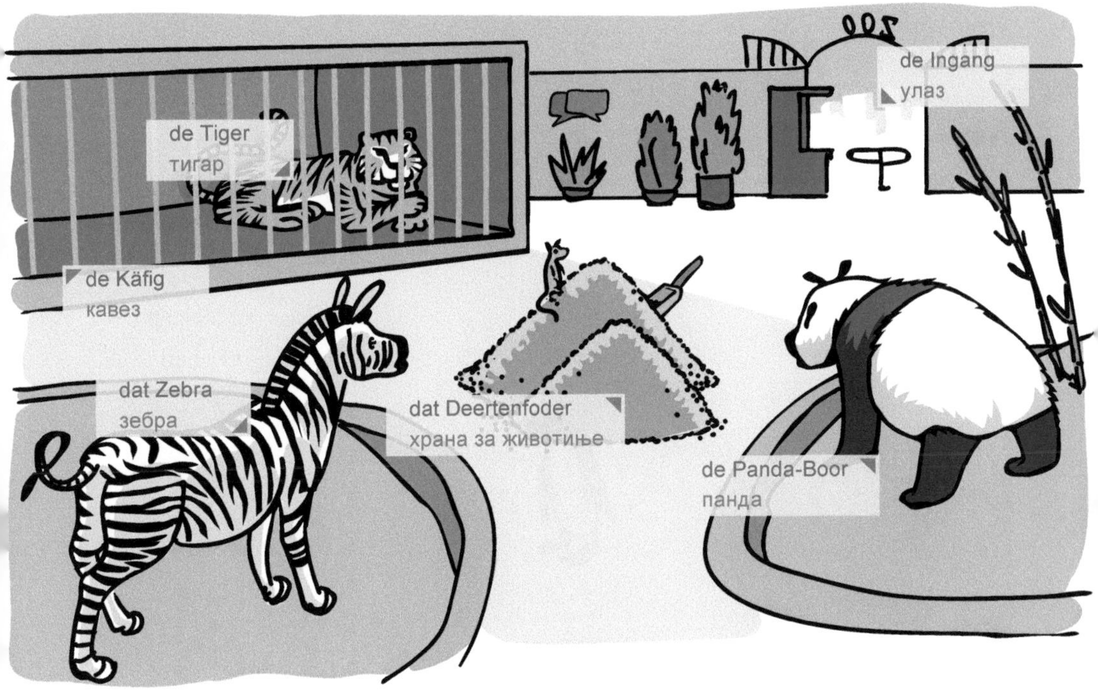

de Ingang
улаз

de Tiger
тигар

de Käfig
кавез

dat Zebra
зебра

dat Deertenfoder
храна за животиње

de Panda-Boor
панда

de Deerten

животиње

de Elefant

слон

dat Känguru

кенгур

dat Neeshoorn

носорог

de Gorilla

горила

de Boor

медвед

dat Kameel

камила

de Struuß

нoj

de Lööv

лав

de Aap

мajмун

de Flamingo

фламинго

de Papagoi

папаraj

de Iesboor

поларни медвед

de Pinguin

пингвин

de Haifisch

аjкула

de Pageluun

паун

de Slang

змиja

dat Krokodil

крокодил

de Oppasser in'n
Deertenpark

чувар у зоолошком врту

de Saalhund

туљан

de Jaguor

jaryap

dat Pony

пони

de Leopard

леопард

dat Nilpeerd

нилски коњ

de Giraff

жирафа

de Aadler

орао

dat Wildswien

дивља свиња

de Fisch

риба

de Schildkrööt

корњача

dat Walross

морж

de Voss

лисица

de Gazell

газела

de Amerikaansch Football
амерички ногомет

dat Radfohren
бициклизам

dat Tennis
тенис

de Korfball
кошарка

dat Swümmen
пливање

dat Boxen
бокс

dat Ieshockey
хокеј на леду

de Football

фудбал

dat Fedderball

бадминтон

de Leichtathletik

атлетика

de Handball

рукомет

dat Skilopen

скијање

dat Polo

поло

de Aktivitäten
активности

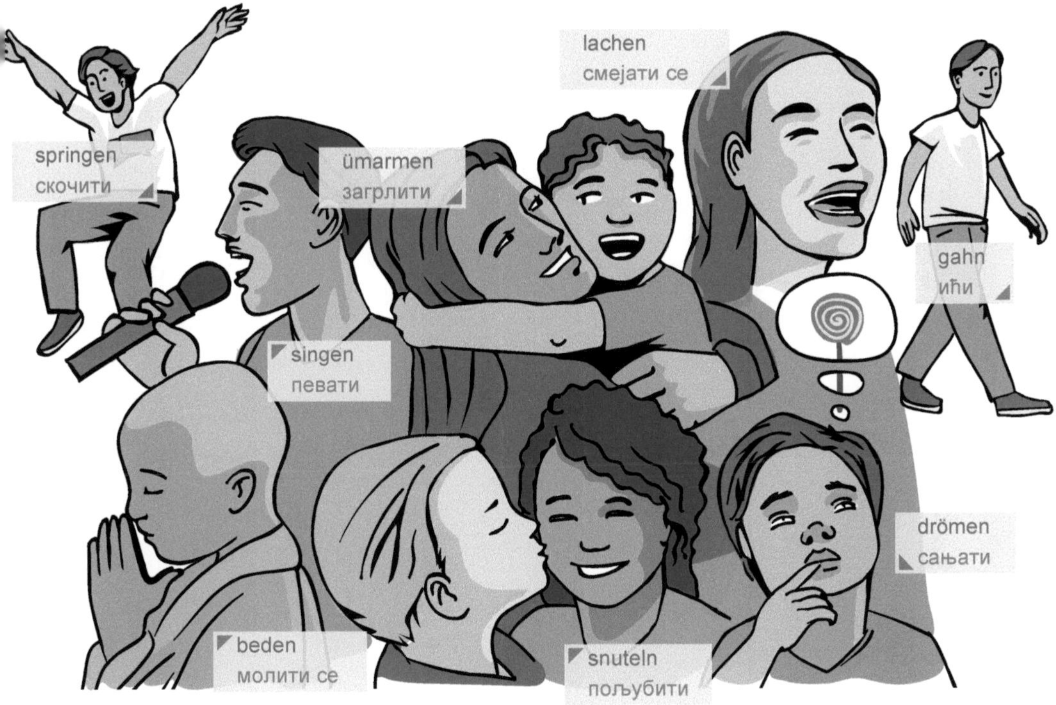
springen
скочити
ümarmen
загрлити
lachen
смејати се
gahn
ићи
singen
певати
drömen
сањати
beden
молити се
snuteln
пољубити

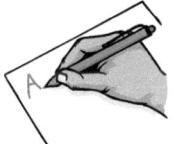

schrieven

писати

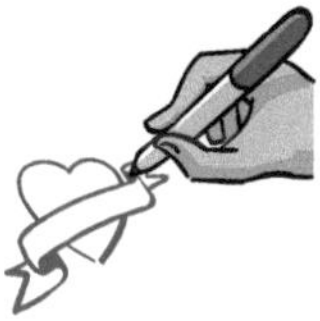

teken

цртати

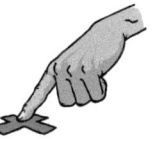

wiesen

показати

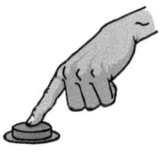

drücken

гурати

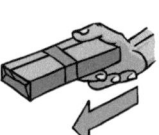

geven

дати

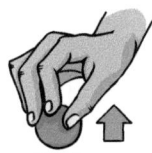

nehmen

узети

hebben
имати

doon
чинити

sien
бити

stahn
стојати

lopen
трчати

trecken
повлачити

smieten
бацити

fallen
падати

liggen
лежати

töven
чекати

dregen
носити

sitten
седити

antrecken
облачити

slapen
спавати

opwaken
пробудити се

ankieken

гледати

wenen

плакати

eien

миловати

kämmen

чешљати

snacken

говорити

verstahn

разумети

fragen

питати

hören

слушати

drinken

пити

eten

јести

oprümen

поспремити

leefhebben

волети

kaken

кухати

fohren

возити

flegen

летети

de Aktivitäten - активности

segeln

пловити

reken

рачунати

lesen

читати

lehren

учити

arbeiden

радити

de Plünnen tohoopsmieten

венчати се

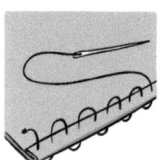

neihen

шити

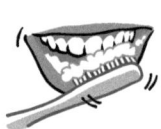

Tähnen putzen

прати зубе

dootmaken

убити

smöken

пушити

schicken

послати

de Grootmoder
бака

de Grootvadder
деда

de Vadder
отац

de Moder
мајка

de Vadder
отац

dat Winnelkind
беба

de Dochter
кћерка

de Söhn
син

de Gast

гост

de Tant

тетка

de Unkel

ујак, стриц

de Broder

брат

de Süster

сестра

de Lief

тело

de Vörkopp
чело
dat Oog
око
de Schuller
раме
de Finger
прст
dat Gesicht
лице
dat Kinn
брада
de Hand
рука
dat Been
нога
de Bost
груди
de Arm
рука

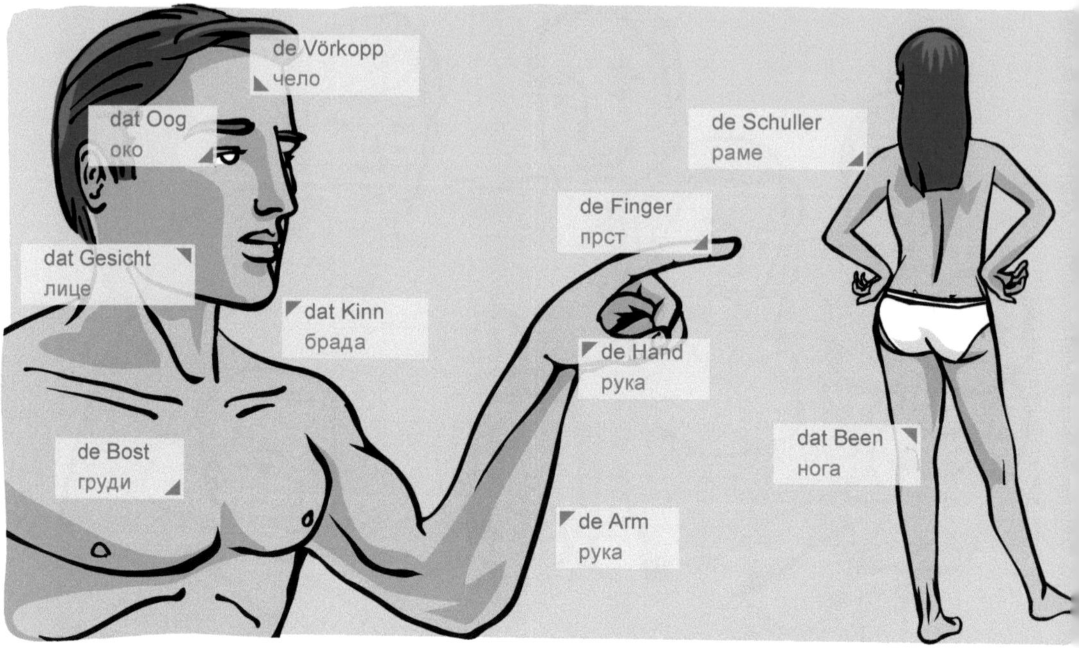

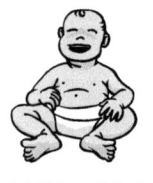

dat Winnelkind

беба

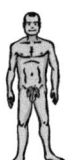

de Mann

мушкарац

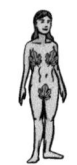

de Fro

жена

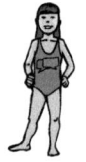

de Deern

девојчица

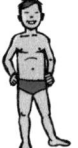

de Jung

дечак

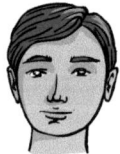

de Arm

глава

de Rüch

леђа

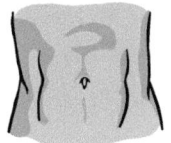

de Buuk

стомак

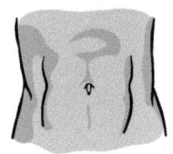

de Navel

пупак

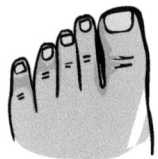

de Teh

ножни прст

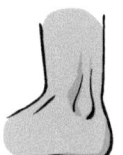

de Hack

пета

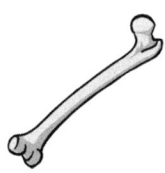

de Knaken

кост

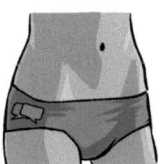

de Hüft

кукови

dat Knee

колено

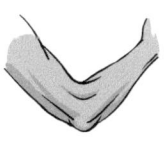

de Ellbagen

лакат

de Nees

нос

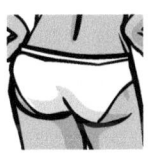

de Achtersen

задњица

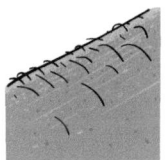

de Huut

кожа

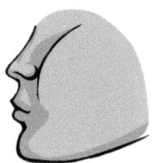

de Back

образ

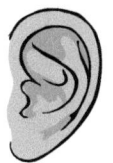

dat Ohr

уво

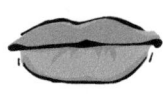

de Lipp

усна

de Mund

уста

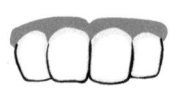

de Tähn

зуб

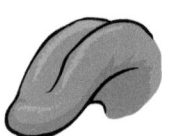

de Tung

језик

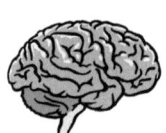

de Bregen

мозак

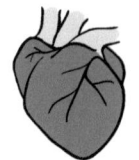

dat Hart

срце

de Muskel

мишић

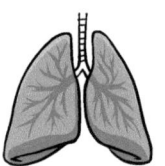

de Lung

плућа

de Lever

јетра

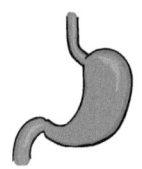

de Maag

желудац

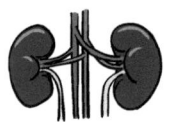

de Neren

бубрези

de Bislaap

полни однос

dat Kondoom

кондом

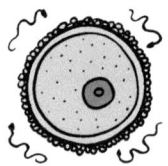

de Eizell

јајна ћелија

dat Sperma

сперма

de Anner Ümstänn

трудноћа

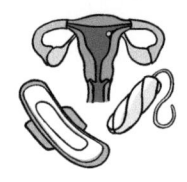

de Menstruatschoon

менструација

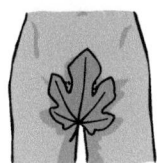

de Scheed

вагина

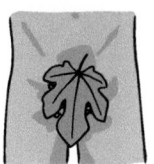

de Pint

пенис

de Ogenbroe

обрва

dat Hoor

коса

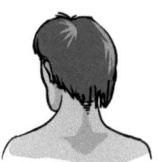

de Hals

врат

dat Krankenhuus
болница

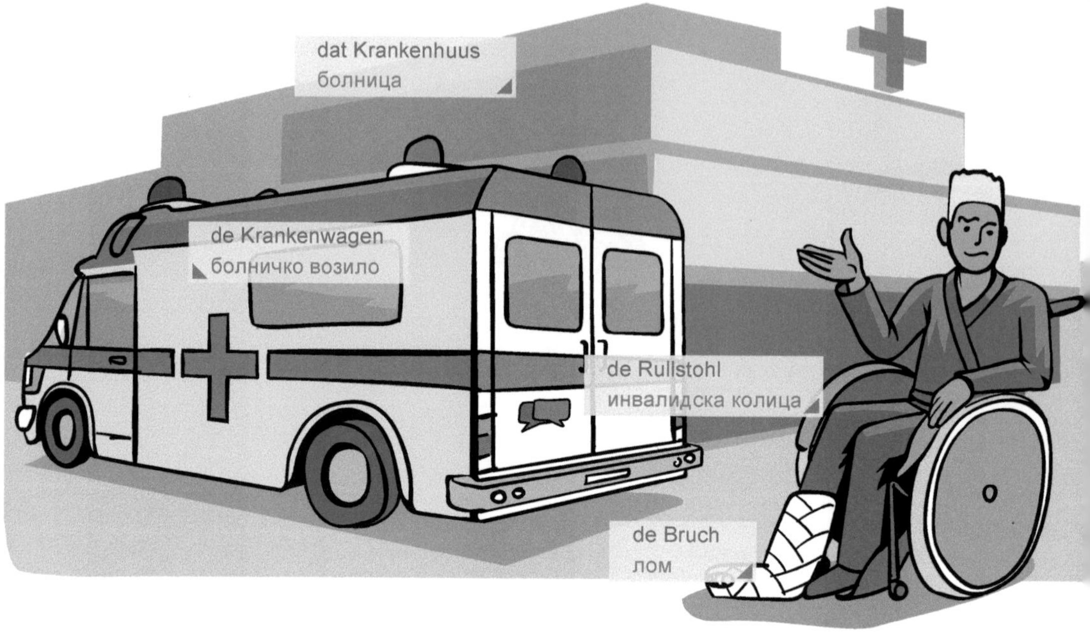

dat Krankenhuus
болница
de Krankenwagen
болничко возило
de Rullstohl
инвалидска колица
de Bruch
лом

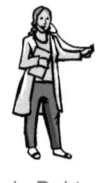

de Dokter

лекар

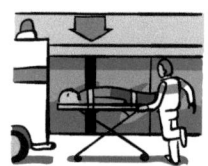

de Nootopnahm

хитна медицинска служба

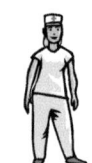

de Krankensüster

медицинска сестра

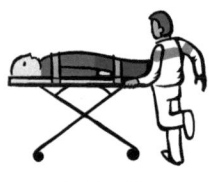

de Nootfall

хитни случај

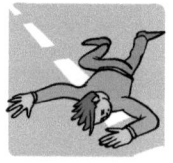

ahnmächtig

несвест

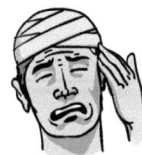

de Wehdaag

бол

de Verwunnen

повреда

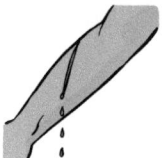

de Blöden

крварење

de Hartinfarkt

срчани удар

de Slaganfall

удар

de Allergie

алергија

de Hoosten

кашаљ

dat Fever

грозница

de Gripp

грипа

de Dörchfall

пролив

de Koppwehdaag

главобоља

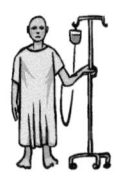

de Kreeft

рак

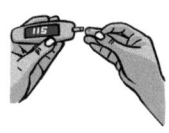

de Zuckersüük

дијабетес

de Chirurg

хирург

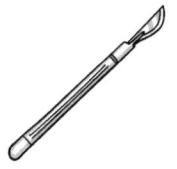

dat Chirurgsch Mess

скалпел

de Operatschoon

операција

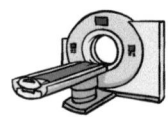

dat CT

цт

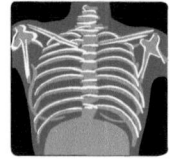

de Dörchlüchten

рентген

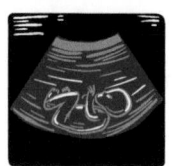

de Ultraschall

ултразвук

de Mask

маска

de Krankheit

болест

de Töövruum

чекаона

de Krück

штака

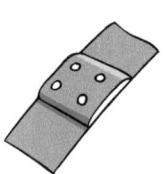

dat Plaaster

фластер

de Verband

завој

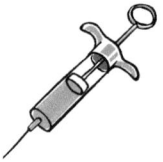

de Insprütten

инјекција

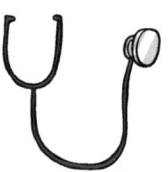

dat Stethoskop

стетоскоп

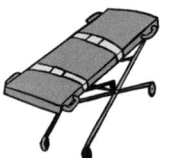

de Draag

носила

dat Feverthermometer

термометар

de Geboort

рођење

dat Övergewicht

прекомерна тежина

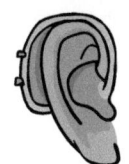

de Höörapparat

слушни апарат

dat Kiemfriemiddel

средство за дезинфекцију

de Ansteken

инфекција

de Virus

вирус

dat HIV / AIDS

хив / аидс

dat Heelmiddel

медицина

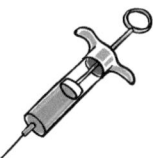

de Impen

вакцинација

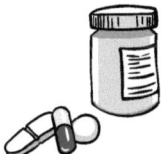

de Tabletten

таблете

de Pill

пилула

de Nootroop

хитни позив

de Blootdruck-Meter

уређај за мерење
притиска

krank / gesund

болесно / здраво

Hölp!

помоћ!

de Alarm

аларм

de Överfall

насртај

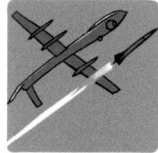

de Angreep

напад

de Gefohr

опасност

de Nootutgang

излаз у случају нужде

dat Füer!

пожар!

de Füerlöscher

противпожарни апарат

de Unfall

незгода

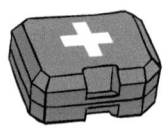

de Noothölpkoffer

кутија прве помоћи

SOS

сос

de Polizei

полиција

Europa

Европа

Noordamerika

Северна Америка

Süüdamerika

Јужна Америка

Afrika

Африка

Asien

Азија

Australien

Аустралија

de Atlantik

Атлантик

de Pazifik

Пацифик

dat Indisch Weltmeer

Индијски океан

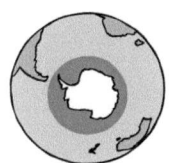

dat Antarktisch Weltmeer

Антарктички океан

dat Arktisch Weltmeer

Арктички океан

de Noordpol

Северни рол

de Süüdpol

Јужни рол

de Antarktis

Антарктик

de Eerd

земља

dat Land

земља

de See

море

dat Eiland

оток

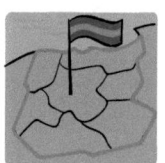

de Natschoon

нација

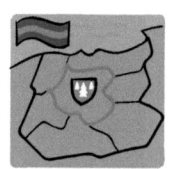

de Staat

држава

dat Tallenblatt

бројчаник сата

de Stunnenwieser

сатна казаљка

de Minutenwieser

минутна казаљка

de Sekunnenwieser

секундна казаљка

Wo laat is dat?

Колико је сати?

de Dag

дан

de Tiet

време

nu

сада

de digetaalsch Klock

дигитални сат

de Minuut

минута

de Stunn

час

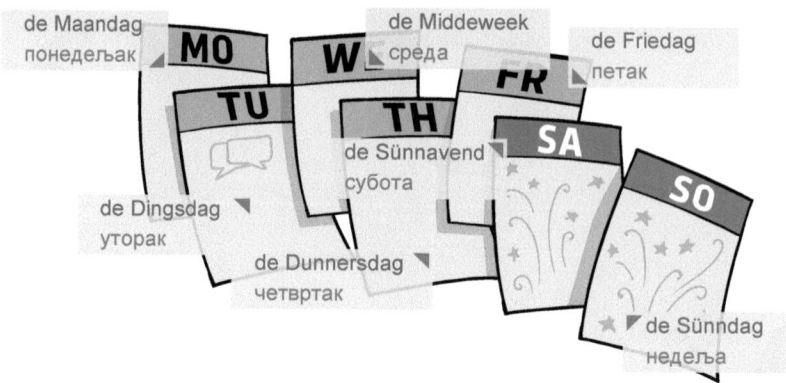

de Maandag — понедељак
de Middeweek — среда
de Friedag — петак
de Dingsdag — уторак
de Sünnavend — субота
de Dunnersdag — четвртак
de Sünndag — недеља

güstern

јуче

hüüt

данас

morgen

сутра

de Morgen

јутро

de Meddag

подне

de Avend

вече

de Arbeitsdaag

радни дани

dat Wekenenn

викенд

dat Johr

година

de Regen
киша
de Regenbagen
дуга
de Wind
ветар
de Snee
снег
dat Fröhjohr
пролеће
de Harvst
јесен
de Sommer
лето
de Winter
зима

4.APRIL 11°
5.APRIL 4°
6.APRIL 13°
7.APRIL 8°
8.APRIL 10°

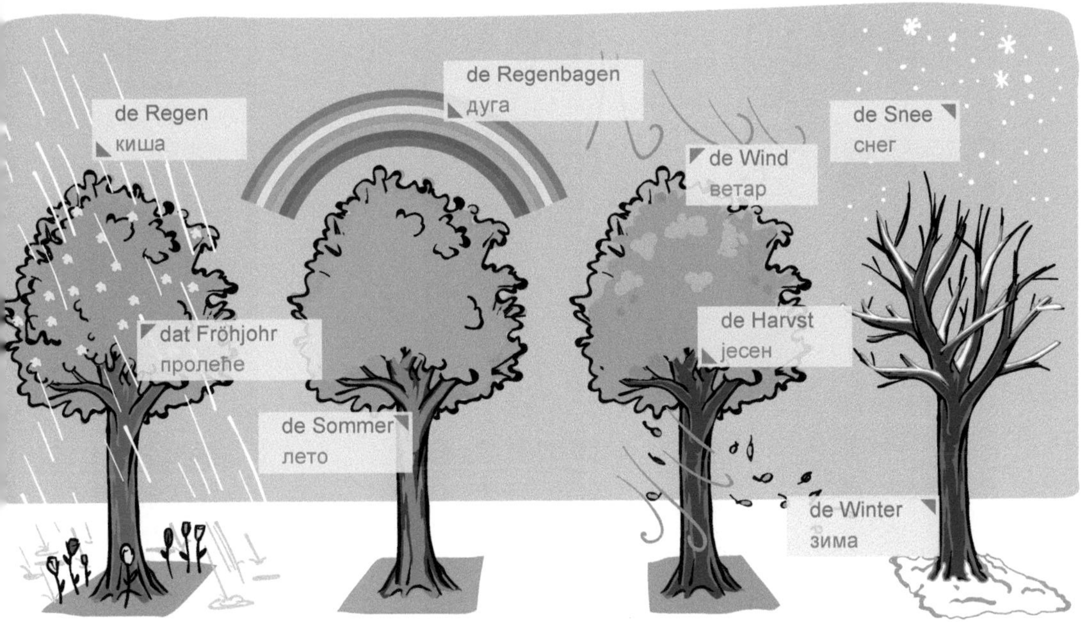

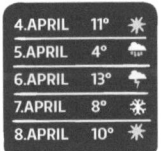

de Wedervörhersaag

метеоролошка прогноза

F C
120 90 60 30 0 -30
40 30 20 10 0 -10 -20

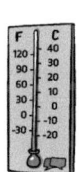

dat Thermometer

термометар

de Sünnenschien

сунчана светлост

de Wulk

облак

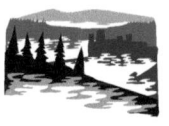

de Nevel

магла

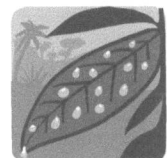

de Luftfuchtigkeit

влажност ваздуха

de Blitz

муња

de Dunner

грмљавина

de Storm

олуја

de Hagel

туча

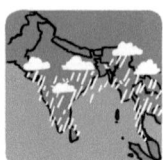

de Monsun

монсун

de Floot

поплава

dat Ies

лед

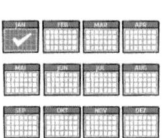

de Januormaand

јануар

de Februormaand

фебруар

de Martmaand

март

de Aprilmaand

април

de Maimaand

мај

de Junimaand

јуни

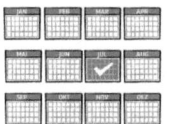

de Julimaand

јули

de Augustmaand

август

de Septembermaand

септембар

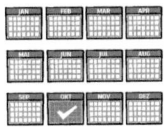

de Oktobermaand

октобар

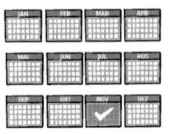

de Novembermaand

новембар

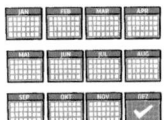

de Dezembermaand

децембар

de Formen
облици

de Krink

круг

dat Quadrat

квадрат

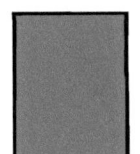

dat Rechteck

правоугао

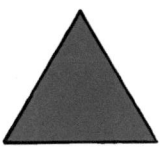

dat Dreeeck

троугао

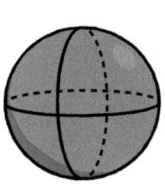

de Kugel

кугла

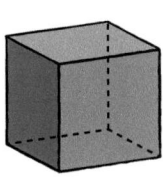

de Wörpel

коцка

witt

бела

geel

жута

orangsch

наранџаста

pink

ружичаста

root

црвена

lila

љубичаста

blau

плава

gröön

зелена

bruun

смеђа

gries

сива

swart

црна

veel / wenig

много / мало

böös / verdreeglich

љутито / мирно

smuck / mies

лепо / ружно

de Begünn / dat Enn

почетак / крај

groot / lütt

велико / малено

hell / düüster

светло / тамно

de Broder / de Süster

брат / сестра

schier / schietig

чисто / прљаво

kumpleet / nich kumpleet

потпуно / непотпуно

de Dag / de Nacht

дан / ноћ

doot / lebennig

мртво / живо

breet / small

широко / уско

geneetbor / nich geneetbor

јестиво / нејестиво

böös / fründlich

зло / добро

fickerig / langwielt

узбуђено / досадно

dick / dünn

дебело / мршаво

toeerst / toletzt

на почетку / на крају

de Fründ / de Fiend

пријатељ / непријатељ

vull / leddig

пуно / празно

hart / week

тврдо / мекано

swoor / licht

тешко / лагано

de Smacht / de Döst

глад / жеђ

krank / gesund

болесно / здраво

nich na't Recht / na't Recht

илегално / легално

klook / dummerhaftig

паметно / глупо

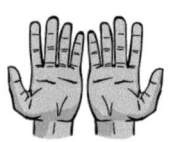

linkerhand / rechterhand

лево / десно

neeg / feern

близу / далеко

nieg / bruukt

ново / половно

nix / wat

ништа / нешто

oolt / jung

старо / младо

an / ut

укључено / искључено

apen / slaten

отворено / затворено

lies / luut

тихо / гласно

riek / arm

богато / сиромашно

richtig / verkehrt

тачно / погрешно

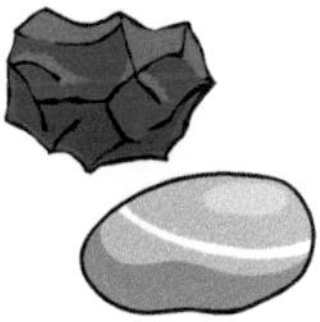

ruug / glatt

храпаво / глатко

trurig / glücklich

тужно / сретно

kort / lang

кратко / дуго

suutje / flink

полако / брзо

natt / dröög

мокро / сухо

warm / köhl

топло / хладно

de Krieg / de Freden

рат / мир

0	**1**	**2**
null	een	twee
нула	један	два
3	**4**	**5**
dree	veer	fief
три	четири	пет
6	**7**	**8**
söss	söven	acht
шест	седам	осам
9	**10**	**11**
negen	teihn	ölven
девет	десет	једанаест

12	**13**	**14**
twölf	dörteihn	veerteihn
дванаест	тринаест	четрнаест

15	**16**	**17**
föffteihn	sössteihn	söventeihn
петнаест	шестнаест	седамнаест

18	**19**	**20**
achtteihn	negenteihn	twintig
осамнаест	деветнаест	двадесет

100	**1.000**	**1.000.000**
hunnert	dusend	million
стотину	хиљаду	милион

dat Engelsch

енглески

dat Amerikaansch Engelsch

амерички енглески

dat Chineesch Mandarin

мандарински кинески

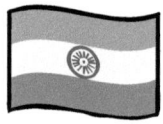

dat Hindi

хиндски

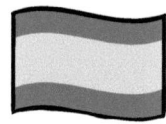

dat Spaansch

шпански

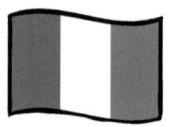

dat Franzöösch

француски

dat Araabsch

арапски

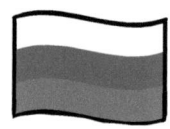

dat Rusch

руски

dat Portugiesch

португалски

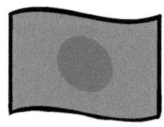

dat Bengaalsch

бенгалски

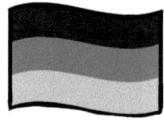

dat Düütsch

немачки

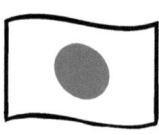

dat Japaansch

јапански